书 香 雅 集

西 湖

姚青锋　韦诗誉◎主编　书香雅集◎绘

吉林科学技术出版社

目录

西

西湖印象

    人们常说，上有天堂，下有苏杭。西湖犹如一颗璀璨的明珠，镶嵌在杭州这座江南古都的中心地带。苏轼说："水光潋滟晴方好，山色空蒙雨亦奇。欲把西湖比西子，淡妆浓抹总相宜。"

    她的湖光山色，烟雨画舫，如诗如画；她的三秋桂子，十里荷花，充满了诗情画意；她的悠久历史，名胜古迹，才子佳人，让人心生向往；她是自然山水和人文景观完美融合的典范，"未能抛得杭州去，一半勾留是此湖"，让古往今来的每一个人都为之倾倒、沉醉。

杭州西湖风景名胜区位于浙江省杭州市城西的西湖区，总面积约59平方千米，其中湖面面积超过6平方千米，东西宽约2.8千米，南北长约3.2千米，平均水深2.27米，外围保护区面积约36平方千米。她处于平原、丘陵、湖泊与江海相衔接的地带，三面环山，一面与城区相接，分为湖滨区、湖心区、北山区、南山区和钱塘区。

AI地理导航
听水韵声纹
读湖山密码
写江南诗旅

扫码查看

2011年，杭州西湖文化景观被列入《世界遗产名录》。

基本格局

　　西湖的地理位置极佳，其南、西、北三面环山，峰峦重叠，绵延不绝；东接城区，南部与钱塘江隔山相连，"三面云山一面城"，总体呈山环水抱之势。

岳湖

杨公堤

阮公墩

苏堤

小瀛洲

西里湖

雷峰塔

南湖

夕照山

西湖中的孤山、白堤、苏堤、杨公堤将整个湖面分割成外湖、西里湖、里湖、小南湖（南湖）和岳湖五个区域。小瀛洲、湖心亭和阮公墩三座小岛则屹立于湖心中；夕照山的雷峰塔与宝石山的保俶塔隔湖相望，形成了"一山、二塔、三岛、三堤、五湖"的基本格局。

宝石山

保俶塔

孤山

北里湖

白堤

外西湖

湖心亭

西湖周围的群山属于天目山余脉，整体山势起伏不大，大部分由海拔200～300米的山峰组成，由西向东迤逦蜿蜒。有诗人吟赞曰："天目山前两乳长，龙飞凤舞到钱塘。"

明代《西湖游览志》卷一载："西湖三面环山，溪谷缕注，下有渊泉百道，潴而为湖。"

西湖成因

西湖原是一个潟（xì）湖①。据史书记载，远在秦朝时期，西湖还是一个和钱塘江相通的浅海湾。其南北两侧耸峙的吴山和宝石山，就像两个岬角环抱着这个小小的海湾。由于潮汐长年累月地冲击，江水带来的泥沙在两个岬角淤积起来，逐渐形成了沙洲。

此后经过漫长岁月的沉淀，沙洲不断向东、南、北三个方向扩展，把吴山和宝石山之间的沙洲连在一起。后来，经过劳动人民多次筑海塘阻拦海水，再加上海平面下降，原来的海湾变成了一个内湖，西湖便诞生了。

最早的西湖是一个咸水湖泊，后来周边河流以及隋唐大运河源源不断地注入，湖水逐渐淡化，最终变成了一个淡水湖。

① "潟"意为咸水浸渍的土地。潟湖就是海湾口被沙嘴、沙坝或珊瑚分割而与外海相分离的湖泊。

沙洲演变：

1. 在钱塘江入海口附近，自然形成的一个海湾。

2. 潮汐带来的泥沙在海湾口不断堆积，形成沙洲。

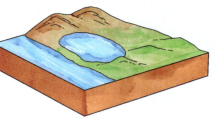

3. 沙洲不断扩大，最终将海湾封闭，形成西湖。

火山喷发：

1. 火山喷发，岩浆流出导致地壳内部空洞。

2. 火山口坍塌形成洼地，海水注入形成湖泊。

见此图标 微信扫码 **山水有灵韵——西湖篇**

西湖的成因

　　关于西湖的成因，还有另外两种说法。一种说法是由于筑塘而形成。据刘宋文帝时钱唐县令刘道真在《钱唐记》所记，东汉时钱唐郡议曹华信为防止海水入侵，招募城中百姓兴筑了"防海大塘"，及成，"县境蒙利"，连钱唐县衙门也迁来，这就是现今杭州市的前身，西湖从那时起与海隔绝而成为了湖泊。

　　另一种说法是，在1.3亿年前的侏罗纪晚期，西湖一带发生了强烈的火山喷发。岩浆流出导致地壳内部出现空洞，最终火山口坍塌形成了洼地，而这个洼地就成了西湖的基础。

名字由来

西湖有着悠久的历史，也有着众多迷人的名字。据清代《西湖志》载，在"西湖"这个名字出现以前，西湖还有过武林水（武林湖）、钱水、钱唐湖、明圣湖、钱塘湖、石函湖、放生池、西子湖、潋滟湖、高士湖、美人湖、贤者湖、明月湖等诸多名称。她的每一个名字背后都有着特定的历史故事。

东汉班固《地理志》记载："武林山，武林水所到之处出。东入海，行八百三十里。"一般认为，武林山即今灵隐、天竺一带群山的总称，而发源于这一带的南涧、北涧等山涧汇合为金沙涧，东流注入西湖，是西湖最大的天然水源，因此"武林水"之名是最早见于记载的西湖的名字。

见此图标🔲微信扫码

**山水有灵韵
西湖篇**

隋朝的时候，由于城市的发展，当时的钱塘县城（今杭州城）从西湖之西，迁建到西湖之东。原来在城东的钱塘湖，现在变到城西了，湖居城西，故名西湖。到了南宋，杭州成为当时的政治、经济、文化中心，西湖之名也迅速远播。之后又历经元、明、清数朝，"西湖"的称谓逐渐稳定下来。

西湖又称西子湖，该名称出自宋代诗人苏轼《饮湖上初晴后雨二首·其二》中的"欲把西湖比西子，淡妆浓抹总相宜"，将西湖比作四大美女之一的西施，来衬托西湖的清丽美景，这也是西湖使用最多的别名。

传说西湖底下卧着一只具有灵性的金牛，每当干旱季节，湖水快要干涸的时候，就浮出水面，口中涌出清泉，将湖填满。人们认为这是吉祥之兆，便把此湖称为"明圣湖"，也称"金牛湖"。

杭州曾被称为钱塘，而西湖最初只是钱塘江围垦中的一个内湖，经过钱塘江的不断冲刷和引流，形成了西湖胜景和现在杭州东部的地貌，所以，西湖也称钱塘湖。

源头活水

从空中俯瞰，西湖的湖体轮廓近似椭圆形，湖边绿荫环绕，碧水如镜，周围群山蜿蜒，林泉美丽，溪流深邃，显得非常优美。

西湖的水源主要是天然降雨和山间积蓄的泉水，西湖有四条主要的"母亲河"：金沙涧（泉）、龙泓涧、赤山溪（慧因涧）和长桥溪，这也是西湖的天然地表水源。除此之外，还有南涧、北涧、桃溪、胭脂泉、花港和学士公园等水源。

桃溪

桃溪，该水由栖霞岭流出进入岳湖。

金沙涧（泉）

金沙泉，源出棋盘山，沿途汇合龙井、黄泥岭水，由茅家埠入湖。

据专家测算，西湖湖面面积为6.38平方千米，平均水深为2.27米，最深处约5米，最浅处不到1米。

南涧

南涧，又名流虹涧，发源于天竺山的白云峰。

花港

花港，由花家山出，经隐秀桥入湖。

赤山溪（慧因涧）

赤山涧，向赤山埠东流去。

龙泓涧

龙泓涧，西湖南山三大溪之一，也是西湖天然补给水源的四条溪流之一。

北涧

北涧，又名钱源水，发源于灵隐山的西源峰。在灵隐峰合涧桥下，南涧、北涧之水汇入西湖，至金港。

胭脂泉

胭脂泉，从胭脂岭流出，通过小溪至茅家埠之东入湖。

湖泊面积是指湖界包围的范围，又称湖面面积。

学士公园

学士公园，东靠南山路，西临西湖，南与长桥公园相连，北靠柳浪闻莺。旧时有学士桥、学士港，这是一处杉林成片、溪流潺潺的公园。

目前，西湖的水主要来自钱塘江的补水工程，每年西湖从钱塘江引水约1.2亿立方米。即通过管道抽取钱塘江水，经过净化处理，注入西湖中。西湖排出的水进入京杭大运河，整个周期约33天。西湖通过这样的"一进一出"，就把自己盘活了。

长桥溪

长桥溪是西湖上游四大溪流之一，发源于莲花峰，自南向北流向西湖。

持续治理

　　由于无人管理，早期的西湖干旱时土地龟裂，大雨后洪水常常泛滥成灾，严重影响了周边百姓的生活。针对这种情况，历代官府对西湖多有治理。特别是大运河开通以后，随着杭州城市的繁荣和人口的增长，官府对西湖的治理尤其重视，其中以李泌开六井、白居易筑白堤、钱镠组建撩湖兵、苏轼修苏堤、杨孟瑛主持开挖杨公堤等影响最为深远。

李泌开六井

　　由于杭州临近海边，地下水又苦又咸，再加上人口增长，城市人口的饮水问题日趋严重。唐大历年间（766—779），杭州刺史李泌命人开凿了六口水井，引西湖水入城，供市民饮用。李泌所凿六井并非从地下取水，而是引西湖水入城，所以六井不过是六处蓄水池，用瓦管或竹筒从西湖引水。

见此图标
微信扫码

**山水有灵韵
西湖篇**

白堤

长庆二年（822年），白居易任杭州刺史。他勤政爱民，热爱西湖。看到西湖壅塞严重，蓄水量下降，人们生活困苦，粮食生产无法保障，白居易先是疏通李泌开凿的六井，让百姓重新喝上了甘甜的西湖水。然后组织人力整治西湖，他在旧钱塘门外石函桥北至余杭门一带修筑一道湖堤，用来拦蓄湖水。湖堤的修建，既隔离了江水，又使沿湖农田得到了灌溉。百姓感激他，称此堤为"白公堤"，也称"白堤"。自此，西湖从一个天然湖泊演变成人工湖。

白堤原名白沙堤，该堤东起"断桥残雪"，经锦带桥向西，止于"平湖秋月"，长约1千米，它把西湖划分为外湖和里湖，并将孤山和北山连接在一起。

白居易（772－846），字乐天，号香山居士，是唐代伟大的现实主义诗人，有"诗魔"和"诗王"之称，曾任杭州刺史。

白堤在唐朝以前就存在了，当时称白沙堤、沙堤，其后在宋、明又称孤山路、十锦塘。但是谁修筑的，无法考证。由于白居易在杭州做了不少实事好事，后人为了纪念他，就把白沙堤改称为白堤。所以白堤并非白居易所修筑，却因他而得名。

钱塘湖春行

〔唐〕白居易

孤山寺北贾亭西，水面初平云脚低。

几处早莺争暖树，谁家新燕啄春泥。

乱花渐欲迷人眼，浅草才能没马蹄。

最爱湖东行不足，绿杨阴里白沙堤。

苏堤

北宋元祐四年（1089年），苏轼第二次来杭州任知州，此时的西湖与他首度到访时相比已黯然失色。由于长期疏于治理，从前"水光潋滟""山色空蒙"的西湖消失不见了，西湖淤塞严重，杂草丛生，加上百姓在湖中种植作物，水域面积已所剩无几。苏轼痛心疾首地发出慨叹："更二十年，无西湖矣。"

饮湖上初晴后雨

〔宋〕苏轼

水光潋滟晴方好，山色空蒙雨亦奇。
欲把西湖比西子，淡妆浓抹总相宜。

熙宁四年（1071年），苏轼首次出任杭州通判，留下了"欲把西湖比西子，淡妆浓抹总相宜"的佳句。

苏轼一边上书朝廷，请求疏浚西湖，一边加紧筹集资金，治理西湖。他组织民工深挖湖底，清除葑田。为了便于往返，他变废为宝，将清出的淤泥筑起了一条长堤，后人称为"苏堤"。苏堤贯通西湖南北两岸，堤上栽种杨柳桃李，并建有六座拱桥和九座凉亭，为西湖增添了别样的风情，这便是后来著名的"苏堤春晓"和"苏堤六桥"。

随后，为了避免西湖再度淤塞，苏轼还在西湖深处建起三座石塔，石塔圈起来的水域严禁种植菱角，用以保护西湖水源。这便是我们熟悉的南宋"西湖十景"中的"三潭印月"，留存至今。

葑田

水生植物在湖泊、沼泽中大量生长，经过长年累月的积累，腐败的植物和淤泥混合在一起。湖水干涸形成土地，人们在上面种植农作物，这就叫葑田。

苏堤南起南屏山麓，北至栖霞岭，长近3千米。堤上有映波、锁澜、望山、压堤、东浦、跨虹六桥，古朴美观。

杨公堤

　　元朝统一中国后，人们把南宋的灭亡归罪于西湖。从此官府对西湖弃之不管，且任由豪门占湖为田。一直到明朝中期，西湖长期失修，葑田连片，日渐淤塞，所剩水域无几。杨孟瑛出任杭州郡守后开始了大规模的疏浚工程，使西湖又恢复了游人如织的热闹景象。

　　这一次工程规模宏大，挖出来的葑泥又修复了苏堤和白堤。另在"三潭印月"外，又修建振鹭亭（今湖心亭），与"三潭印月"交相映衬；还在苏堤的西边另修一条长堤，从栖霞岭西侧起，绕丁家山直至南山，人们为了纪念杨孟瑛，称此堤为"杨公堤"。

　　杨公堤是与白堤、苏堤齐名的"西湖三堤"之一。杨公堤位于西湖以西，堤上有六桥，自北向南名为：环璧、流金、卧龙、隐秀、景行、浚源。与东面的苏堤六桥前后呼应，合称为"西湖十二桥"。

水上课堂

叶永盛任两浙巡盐御史的时候，常趁着公务闲暇为弟子授课。他们经常在西湖边授课，有时也乘小船在柳荫外的荷花深处讲学，人称"舫课"，别有一番诗情画意。他们设立紫阳崇文会，后称崇文书院。

杨公堤北起栖霞岭下的灵隐路，南至虎跑路，全长3.4千米。其串联起曲院风荷、金沙港、杭州花圃、茅家埠、乌龟潭、三台梦迹、浴鹄湾和花港观鱼等著名景点，是西湖三堤中最长的一条。

孤山

　　一山如黛，孤立湖中。在里湖与外湖之间，耸立着西湖最大的岛屿——孤山，"一屿耸立，旁无联附，为湖山胜绝处"。孤山面积约20万平方米，主体海拔35米，最高点38米。这里碧波萦绕，花木繁茂，亭台楼阁，错落别致，是一处风景胜地及文物荟萃之地。

　　孤山东接白堤，西接西泠（líng）桥，与湖岸相连，岛上名胜古迹有30多处，南麓有文澜阁、西湖天下景、浙江省博物馆（孤山馆区）和中山公园，山顶西部有西泠印社，西麓有秋瑾之墓，东北坡有林逋（bū）墓和放鹤亭等。

　　唐代有孤山寺，南宋时建西太乙宫、四圣延祥观，清代曾在此建行宫，康熙、乾隆南巡时都在这里住过。雍正五年（1727年）改为圣因寺，与灵隐、昭庆、净慈三寺合称西湖四大丛林。

　　西泠印社是中国成立最早的著名的全国性印学社团，以篆刻书画创作和丰富的艺术收藏享誉海内外，被誉为"印学研究中心"，号称"天下第一名社"。

西泠印社

秋瑾墓

　　西泠桥畔有近代女民主革命家秋瑾之墓。秋瑾是一位寻求真理的革命先驱，她积极投身于救国救民的革命运动，为推翻清政府统治，32岁英勇就义。

　　文澜阁位于孤山路25号，即孤山南麓浙江省博物馆内，是清乾隆为珍藏《四库全书》，历经十年，于公元1784年建成。《四库全书》是中国古代规模最大的丛书，共抄写有七部，分藏七阁，其中一部就珍藏于孤山的文澜阁。

文澜阁

放鹤亭

　　林逋，字和靖，是北宋著名的隐逸诗人。他长期隐居在孤山，终身不仕不婚，以种梅养鹤为乐，有"梅妻鹤子"之说。他死后就葬在孤山，后人就建了座放鹤亭纪念他。亭外广植梅花，为湖上赏梅胜地。

西湖双塔

　　西湖有两塔，雷峰塔和保俶塔。其中"雷峰如老衲，保俶如美人"，两塔"一肥一瘦"，隔湖相对，呈现出"一湖映双塔，南北相对峙"的美景，也暗合"成双"的美意。

雷峰塔

　　雷峰塔位于西湖南岸的夕照山上。始建于公元977年，历代屡加重修，现存建筑系2002年重建，它是中国九大名塔之一，因《白蛇传》而闻名于世。

雷峰夕照

　　雷峰塔高约72米，主体为平面八角形体仿唐宋楼阁式塔，飞檐翘角，蔚然大观。每当夕阳西照，塔影横空，亭台金碧，故称"雷峰夕照"，"雷峰夕照"为西湖十景之一。

保俶塔

　　保俶塔相传为吴越国人为祈保吴越王钱俶入宋平安归来而建造的。也有说法是保俶塔为吴越国钱俶时期的吴延爽所建，初名为应天塔。北宋时期，一位叫永保的僧人又重修了该塔，人们尊称永保为"保叔"，后人便将此塔命名为"保叔塔"。因"叔""俶"声误，又名"保俶塔"。保俶塔历经宋、元、明、清四个朝代六次重修，见证了历史的变迁。今天我们看到的保俶塔，是1933年重修而成的。重修后的保俶塔高45.3米，塔身有八面七层，设计极为精妙，整体轮廓更显纤细与柔美，"当峰一塔微，落木净烟浦"，犹如一位美人款款而立。

宝石流霞

　　宝石山的山体属火成岩中的凝灰岩和流纹岩，阳光映照，其色泽似翡翠玛瑙，山上奇石荟萃，有倚云石、屯霞石、凤翔石、落星石等，故称"宝石山"。在朝霞初露或落日余晖时，保俶塔和紫褐色山岩呈现出五彩缤纷的景色，所以得名"宝石流霞"。

25

西湖三岛

西湖中有三座小岛，即小瀛洲、湖心亭和阮公墩。人们把它们比作中国传说中的仙境三岛——瀛洲、蓬莱和方丈。三岛相峙，独具一格，美若仙境，相映成趣，成为我国江南水上园林的经典之作。

小瀛洲

小瀛洲面积最大，是明朝万历年间由湖中的泥沙堆积而成。小瀛洲具有典型的江南水上园林特色，从空中俯瞰，全岛如一个大写的"田"字，构成了"湖中有岛，岛中有湖"的奇景，被誉为西湖第一胜境。

小瀛洲的前身是水心保宁寺，也称湖心寺，是北宋时湖上赏月佳处。其南部水中有三座石塔，据传最早为苏轼所置。三塔顶若葫芦，塔身中空，中置灯烛，每逢月夜，塔中的烛光倒映在水面上，与天上的月光相映成趣，人称"三潭印月"，是"西湖十景"之一。小瀛洲也被称作"三潭印月岛"。

小瀛洲

湖心亭

　　位于西湖中央，始建于明朝嘉靖年间，是最早出现在西湖中的一座小岛，被誉为"蓬莱"仙岛。在面积上，它比小瀛洲小，却比另一座小岛阮公墩要大。

　　湖心亭高三层，飞檐八出，翘角滴翠，雕龙饰凤，以其精巧的构造和别具一格的造型而著称，是清代"钱塘十八景"之一，与北京陶然亭、滁州醉翁亭、长沙爱晚亭合称中国四大名亭。

阮公墩

　　阮公墩对应的是传说中的第三座仙岛"方丈"，也是三岛中最新、最小的一座。它是清朝嘉庆年间浙江巡抚阮元用疏浚西湖的泥土堆筑而成，后人为示纪念，给它取名为阮公墩。

　　阮公墩现今已成为自然生态岛，岛上植被茂密，动物成群。远远望去，宛如一块碧玉镶嵌在西湖之中，形成了新西湖十景之一的"阮墩环碧"。

　　湖心亭的蓬莱宫前有一块著名的石碑，上有"虫二"二字。传说，当年乾隆下江南，和纪晓岚夜游湖心亭，乾隆写下"虫二"两个大字，在场的其他官员都摸不着头脑，只有纪晓岚猜出了皇上的心思：他在盛赞西湖景色"风月"无边。原来，繁体字"風"的里面是一个虫字；风月两字去掉边框，自然便成了"虫二"。

西湖竞渡

西湖竞渡，历史悠久。相传唐朝时期，杭州太守崔涓就曾列舟湖滨，举行竞渡活动。到了南宋时期，杭州成了国都，临安百姓相对富足，他们非常重视游玩享乐，西湖边，竞渡一类的活动越发频繁起来。皇亲国戚、达官贵人纷纷参与，场面颇为壮观。

相传，闽王王延钧和皇后陈金凤经常在西湖边的水晶宫宴饮游乐。端午时节，王延钧让人建造了数百艘船，并笙歌奏乐，进行龙舟竞赛，岸上观者呐喊助威。这一风俗流传至今，每逢端午，各村都会提前筹备，热闹非凡。

"龙舟十余，彩旗叠鼓，交午曼衍，粲如织锦。内有曾经宣唤者，则锦衣花帽，以自别于众。京尹为立赏格，竞渡争标。内珰贵客，赏犒无算。都人士女，两堤骈集，几于无置足地。"

——宋·周密《武林旧事》

西湖"湖天竞渡"从农历五月初一持续到五月初五。初五盛况空前，最为热闹，岸边观众可达万人。西湖边上，每日都有练习赛船的人。

西湖香市

　　西湖香市是流传在西湖周边的一种古老的传统民俗。每年的花朝节（农历二月十二日，百花生日），西湖周边的男男女女、老老少少，都会乘船前来参加一年一度的西湖香市。西湖岸边，六和塔、净慈寺、灵隐寺、飞来峰等，山门内外，各处空地都临时搭起了摊铺，做起了买卖，丝绸绫罗、牙尺刀剪、糕点果品，各色商品琳琅满目。西湖香市一直持续到端午，整整热闹了三个月才结束。

　　西湖香市，昼夜不断，从白天一直延续到晚上。夜间灯火通明，游人如织，叫卖声此起彼伏，不绝于耳。为此商家还发明了夜航船，以供人们夜间出行。

现今，西湖香市依旧如故，盛况不减当年。除了购物外，各路香客更多的是听戏文、游西湖、赏风景。

至香市，则殿中边甬道上下、池左右、山门内外，有屋则摊，无屋则厂，厂外又棚，棚外又摊，节节寸寸。凡胭脂簪珥、牙尺剪刀，以至经典木鱼、伢儿嬉具之类，无不集……数百十万男男女女、老老少少，日簇拥于寺之前后左右者，凡四阅月方罢。

——明·张岱《陶庵梦忆》

神话传说

西湖历史悠久，自古就流传着不少美丽动人的传说。据不完全统计，有关西湖的神话传说就有630多个。其中以白蛇传说、梁祝传说、济公传说最为著名。

《白蛇传》

是中国古代四大民间传说之一。其主人公是一条修行千年的蛇精所化成的美丽女子白素贞。她与书生许仙在西湖断桥邂逅，两人一见钟情，遂结为夫妻，在杭州城内行医救人。金山寺的和尚法海认定白素贞是祸害人间的妖怪，决心拆散他们。于是，他把许仙骗到镇江的金山寺软禁起来。为了救出许仙，白素贞与法海展开大战，水漫金山。因触犯天条，白素贞在生下孩子后被法海收入钵内，镇压于雷峰塔下。后来白素贞的儿子高中状元，到塔前祭母，才将母亲从塔底救出，终于全家团聚。

据记载，《白蛇传》最早出现于冯梦龙的《警世通言》第二十八卷《白娘子永镇雷峰塔》，而后经过世人的不断增添，最终形成故事、歌谣、宝卷、小说、演义、话本、戏曲、弹词，以及电影、电视剧等各种文艺形式，受到广大群众的喜欢，在中国广为流传。

四大民间传说

《孟姜女》《梁山伯与祝英台》《牛郎织女》《白蛇传》，并称为中国古代四大民间传说。

南屏晚钟

净慈寺位于西湖南岸的南屏山下，始建于公元954年，是西湖周围的第二大名刹，"湿红映地，飞翠侵霄"，与灵隐寺并称南北两山之最。因寺内钟声洪亮，"南屏晚钟"成为"西湖十景"之一。

《梁山伯与祝英台》

是中国家喻户晓，流传千年的爱情绝唱。其故事版本众多，其中一个就发生在西湖边。相传，梁祝同窗共读之地就是西湖边凤凰山上的万松书院（百姓称之为梁祝书院）。梁山伯与女扮男装的祝英台在这里一起读书、游学，互认知己，在朝夕相处中，逐渐产生感情。后因祝英台许配他人，梁山伯忧郁而亡。祝英台遂投身墓穴，两人双双化蝶，绝尘而去。

济公

济公是生活在南宋的一位法号叫"道济"的和尚，他先是在飞来峰下的灵隐寺出家，后来又到西湖边的净慈寺修行。他扶危济困，乐善好施，深得百姓的喜爱。相传，净慈寺失火重建，他通过古井运木，筹够了建造大雄宝殿的木材。这口运送木头的古井至今仍保存在净慈寺内。

33

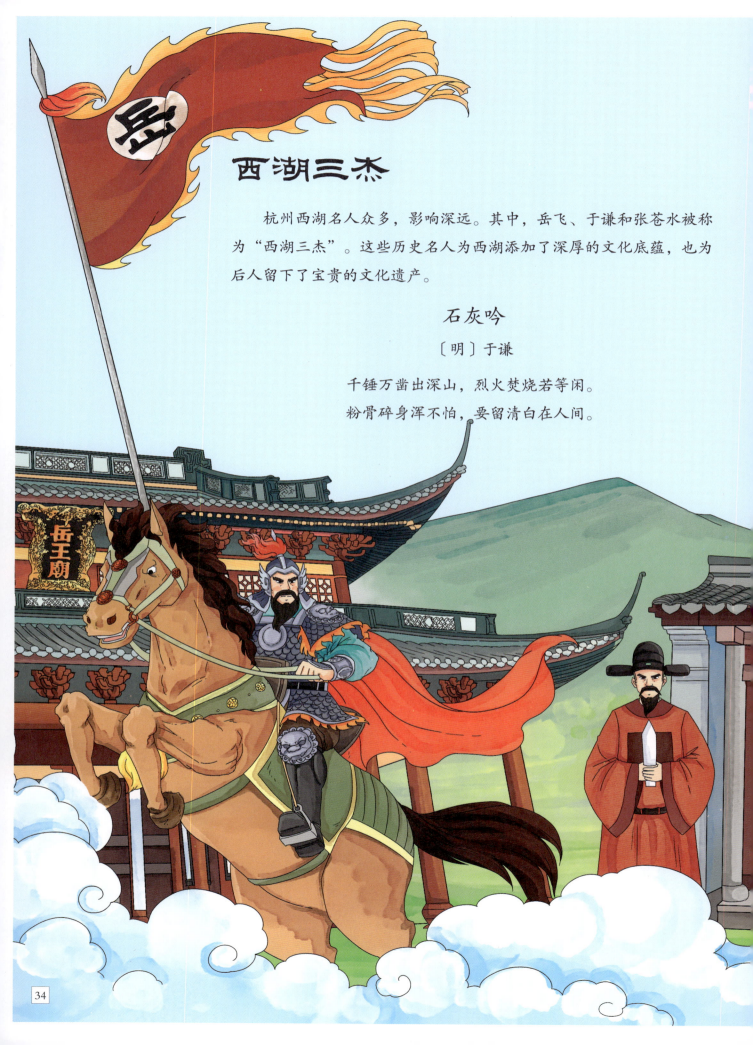

西湖三杰

　　杭州西湖名人众多，影响深远。其中，岳飞、于谦和张苍水被称为"西湖三杰"。这些历史名人为西湖添加了深厚的文化底蕴，也为后人留下了宝贵的文化遗产。

石灰吟

〔明〕于谦

千锤万凿出深山，烈火焚烧若等闲。

粉骨碎身浑不怕，要留清白在人间。

岳飞

是南宋时期的抗金英雄，他率军北上，身经百战，将金军打到朱仙镇，却被赵构用12道金牌召回，后被赵构和秦桧以"莫须有"的罪名下狱，死后被葬于西湖的栖霞岭下，即今栖霞岭岳庙，亦称岳王庙。岳王庙大门，正对着岳湖，墓庙与岳湖之间，高耸着"碧血丹心"石坊，寄托后人对爱国英雄的敬仰之情。

张煌言

号苍水，是南明儒将，官至南明兵部尚书。他多次率兵由长江进逼南京，打击清军，后因叛徒出卖，在杭州遇害，死后葬于西湖边上。张苍水祠位于西湖南屏山荔枝峰下，祠墓合一，粉墙黛瓦，庄重古朴，为清代的江南民居风格。

于谦

是明朝名臣，也是民族英雄。英宗兵败被俘后，他亲自率军督战，抵御瓦剌大军，取得了北京保卫战的胜利。后含冤遇害，西湖乌龟潭畔建有于谦祠。明孝宗表彰其为国效忠的功绩，赐谥"肃愍"，并在墓旁建旌功祠，设春秋二祭，形成祠墓合一格局。

除了西湖三杰，与西湖相关的历史名人还有钱镠、苏小小、贺知章、沈括、张宪、牛皋、毕昇、洪昇等。

龙井问茶

西湖周边一带气候温和，雨量充沛，林木茂盛，泉涧幽静，非常利于茶树的生长。西湖龙井因产于西湖的龙井村而得名，已有 1200 多年的历史。有关西湖龙井茶的记载最早可追溯到唐代茶圣陆羽所撰的《茶经》。

《茶经》是世界上第一部茶叶专著，其中就有杭州天竺、灵隐二寺产茶的记载。到了北宋时期，西湖龙井被列为贡品，专供皇室享用。清乾隆帝下江南时，盛赞西湖龙井茶，还曾把狮峰山下胡公庙前的十八棵茶树封为"御茶"。现在，西湖龙井以西湖周边的狮峰、龙井村、五云山、虎跑、梅家坞五地所产的茶叶为佳。

中国十大名茶

西湖龙井、洞庭碧螺春、黄山毛峰、信阳毛尖、君山银针、祁门红茶、六安瓜片、都匀毛尖、武夷岩茶、安溪铁观音。

龙井茶叶片优美，色泽翠绿，茶汤鲜嫩，清香持久，沁人心脾，深受茶客的喜爱。尤其是清明节前采制的龙井茶，嫩到极致，别有滋味，简称明前龙井，也称女儿红，"院外风荷西子笑，明前龙井女儿红"。

禅茶一味

茶的内涵是丰富的，它不仅是物质的，还给人带来精神上的超脱。自古便有"茶禅一味"的说法，即喝茶和修禅是一个味道（道理），茶水中蕴含着无尽的禅机。西湖周边，禅寺众多，僧人采茶、饮茶，修习、坐禅。茶之意境在于雅，禅之精神在于悟，茶承禅意，禅存茶中，很多时候，在"吃茶"的过程中，往往悟得"真谛"。

加工步骤

龙井茶的加工，一般要经过采摘、晾晒、揉捻和炒制四大步骤，数十道工序才能完成。龙井茶的采摘以早为贵，以细嫩著称；采摘后的茶叶要在竹筛上晾晒，一般需要半天左右时间，然后进行人工揉捻，最后进行手工炒制。

西湖美食

作为京杭大运河的南终点和古代著名的通商口岸，杭州自古物产丰富，西湖美食更是应有尽有。西湖美食既融合了南北口味，又别具一格。既有充满江南风情的宋嫂鱼羹、肥而不腻的东坡肉，又有入口松软的定胜糕、茶香虾鲜的龙井虾仁。另有西湖醋鱼、西湖莼菜汤、西湖藕粉、片川儿、糖桂花、蟹酿橙、叫花童子鸡和杭州小笼包等。

苏轼（字东坡）曾两次到杭州做官，除了留下"一诗一堤"（《饮湖上初晴后雨》和苏堤）外，还留下著名的"一碗肉"（东坡肉）。传说，苏东坡在杭州疏浚西湖时，为人们解决了西湖葑田的问题，百姓们抬着猪肉去感谢他。苏东坡就指点家人把猪肉焖制成红烧肉，分给人们品尝。这道菜因肥瘦相间，色泽红润，入口肥而不腻，深受人们喜爱，被亲切地称为"东坡肉"。

据说，当年岳飞出征前，杭州城的百姓特意为将士们送上一种红色的糕点，寓意"定胜"，盼着他们胜利归来。

蟹酿橙

片川

东坡肉

定胜糕

龙井虾仁

西湖莼菜汤

西湖醋鱼

宋嫂鱼羹

相传，宋高宗乘船在西湖游玩，向宋五嫂购得鱼羹一碗，品尝之后觉得鲜美异常，便与宋五嫂聊天，得知宋五嫂是从汴京来的，心中感慨万千，命人赏赐宋五嫂，"宋嫂鱼羹"从此在杭州城声名大噪。

宋高宗听信秦桧的挑拨，把岳飞召回赐死，杭州百姓愤怒至极，就将面团揉成秦桧夫妻的样子，扔到油锅里去炸，名为"油炸桧儿"，俗称油条。

油炸桧儿

西湖藕粉

叫花童子鸡

杭州小笼包

西湖寻梦

西湖是一处有灵魂的风景，从古至今，一直让人魂牵梦绕。明朝的张岱世居西湖，他一生挚爱西湖，也见证了西湖的兴衰。西湖的一花一草，都在他的心中刻下了深深的烙印。晚年的他便将这些关于西湖的梦记了下来，汇成《陶庵梦忆》和《西湖梦寻》。《西湖梦寻》文笔传神，简洁有致，被尊为"史上最美的西湖游览指南"。

湖心亭看雪

崇祯五年十二月，余住西湖。大雪三日，湖中人鸟声俱绝。是日更定矣，余拏一小舟，拥毳衣炉火，独往湖心亭看雪。雾凇沆砀，天与云与山与水，上下一白。湖上影子，惟长堤一痕、湖心亭一点、与余舟一芥，舟中人两三粒而已。

到亭上，有两人铺毡对坐，一童子烧酒炉正沸。见余，大喜曰："湖中焉得更有此人！"拉余同饮。余强饮三大白而别。问其姓氏，是金陵人，客此。及下船，舟子喃喃曰："莫说相公痴，更有痴似相公者！"

小蓬莱

小蓬莱在雷峰塔右，宋内侍甘升园也。奇峰如云，古木蓊蔚，理宗常临幸。有御爱松，盖数百年物也。自古称为小蓬莱。石上有宋刻"青云岩""鳌峰"等字。今为黄贞父先生读书之地，改名"寓林"，题其石为"奔云"。余谓"奔云"得其情，未得其理。石如滇茶一朵，风雨落之，半入泥土，花瓣棱棱，三四层折。人走其中，如蝶入花心，无须不缀。

西溪

粟山高六十二丈，周回十八里二百步。山下有石人岭，峭拔凝立，形如人状，双髻耸然。过岭为西溪，居民数百家，聚为村市。相传宋南渡时，高宗初至武林，以其地丰厚，欲都之。后得凤凰山，乃云："西溪且留下。"后人遂以名。地甚幽僻，多古梅，梅格短小，屈曲槎桠，大似黄山松。好事者至其地，买得极小者，列之盆池，以作小景。其地有秋雪庵，一片芦花，明月映之，白如积雪，大是奇景。余谓西湖真江南锦绣之地，入其中者，目厌绮丽，耳厌笙歌，欲寻深溪盘谷，可以避世如桃源、菊水者，当以西溪为最。余友江道暗有精舍在西溪，招余同隐。余以鹿鹿风尘，未能赴之，至今犹有遗恨。

扫码查看

📍AI地理导航　📍听水韵声纹
📍读湖山密码　📍写江南诗旅

西湖七月半

此时月如镜新磨，山复整妆，湖复额面。向之浅斟低唱者出，匿影树下者亦出，吾辈往通声气，拉与同坐。韵友来，名妓至，杯箸安，竹肉发。月色苍凉，东方将白，客方散去。吾辈纵舟，酣睡于十里荷花之中，香气拘人，清梦甚惬。

飞来峰

飞来峰，棱层剔透，嵌空玲珑，是米颠袖中一块奇石。使有石癖者见之必具袍笏下拜，不敢以称谓简亵，只以石丈呼之也。深恨杨髡，遍体俱凿佛像，罗汉世尊，栉比皆是，如西子以花艳之肤，莹白之体，刺作台池鸟兽，乃以黔墨涂之也。

六和塔

月轮峰在龙山之南。月轮者，肖其形也。宋张君房为钱塘令，宿月轮山，夜见桂子下塔，雾旋穗散坠如牵牛子。峰旁有六和塔，宋开宝三年，智觉禅师筑之以镇江潮。塔九级，高五十余丈，撑空突兀，跨陆府川。海船方泛者，以塔灯为之向导。宣和中，毁于方腊之乱。绍兴二十三年，僧智昙改造七级。明嘉靖十二年毁。中有汤思退等汇写佛说四十二章、李伯时石刻观音大士像。塔下为渡鱼山，隔岸剡中诸山，历历可数也。

西湖十景

　　古往今来，西湖受到了无数艺术家的喜爱，他们以西湖为题材创作出了大量的诗画艺术作品。南宋时期，皇家画院的画师评选了最能代表西湖特色的十大风景，并由文人墨客题诗吟咏，这便是"西湖十景"的由来。"西湖十景"分别是：苏堤春晓、曲院风荷、平湖秋月、断桥残雪、花港观鱼、柳浪闻莺、三潭印月、双峰插云、雷峰夕照和南屏晚钟。

　　"西湖十景"涵盖了不同季节、不同时段的西湖景色，这些风景各具特色，或生动，或隐逸，或闲逸，或禅境，是西湖山水的精华，也是自然美景和历史文化内涵的完美结合，吸引了无数游客前来观光和游玩。

　　相对于"西湖十景"，1984年，人们又评出了"新西湖十景"，即云栖竹径、虎跑梦泉、九溪烟树、阮墩环碧、玉皇飞云、满陇桂雨、龙井问茶、吴山天风、黄龙吐翠和宝石流霞。

四时幽赏

春夏秋冬，西湖的四季有着不同的风景，也有着别样的韵味。明代的读书人高濂将西湖四时的芳容都写进了《四时幽赏录》，诸如孤山探梅、堤桥夜宿、六和听潮、雪夜煨芋、山居听人说书……清新别致，妙趣天成，令人耳目一新，心驰神往。

春时

孤山月下看梅花

孤山旧址，逋老种梅三百六十。已废。继种者，今又寥寥尽矣。孙中贵公补植原数。春初玉树参差，冰花错落，琼台倚望，恍坐玄圃罗浮。若非黄昏月下，携尊吟赏，则暗香浮动、疏影横斜之趣，何能真见实际？

夏时

苏堤看新绿

三月中旬，堤上桃柳新叶，黯黯成阴，浅翠娇青，笼烟惹湿。一望上下，碧云蔽空，寂寂撩人，绿侵衣袂。落花在地，步蹀残红，恍入香霞堆里，不知身外更有人世。知己清欢，持觞觅句，逢桥席赏，移时而前，如诗不成，罚以金谷酒数。

秋时

满家弄赏桂花

秋时策蹇入山看花，从数里外，便触清馥入径。珠英琼树，香满空山，快赏幽深，恍入灵鹫金粟世界。就龙井汲水煮茶，更得僧厨山蔬野蕨作供，对仙友大嚼，令人五内芬馥。归携数枝，作斋头伴寝，心清神逸，虽梦中之我，尚在花境。旧闻仙桂生自月中，果否？若向托根广寒，必凭云梯天路可折，何为常被平地窃去？疑哉！

冬时

山居听人说书

老人畏寒，不涉世故，时向山居，曝背茅檐，看梅初放。邻友善谈，炙糍共食，令说宋江最妙回数，欢然抚掌，不觉日暮。吾观道左丰碑，人间铭颂，是亦《水浒传》耳，岂果真实不虚故说？更惜未必得同此传，世传人口。

诗词里的西湖

"欲把西湖比西子，淡妆浓抹总相宜。"自古以来，杭州西湖便以优美的自然景色和深厚的文化底蕴，赢得了文人墨客的青睐。他们竞相泼墨，直抒胸臆，涌现出无穷无尽的诗词佳作，如珠玉一般，熠熠生辉。

春题湖上

〔唐〕白居易

湖上春来似画图，乱峰围绕水平铺。
松排山面千重翠，月点波心一颗珠。
碧毯线头抽早稻，青罗裙带展新蒲。
未能抛得杭州去，一半勾留是此湖。

六月二十七日望湖楼醉书五首（其一）

〔宋〕苏轼

黑云翻墨未遮山，白雨跳珠乱入船。
卷地风来忽吹散，望湖楼下水如天。

晓出净慈寺送林子方

〔宋〕杨万里

毕竟西湖六月中，风光不与四时同。
接天莲叶无穷碧，映日荷花别样红。

夜泛西湖五绝（其四）

〔宋〕苏轼

菰蒲无边水茫茫，荷花夜开风露香。
渐见灯明出远寺，更待月黑看湖光。

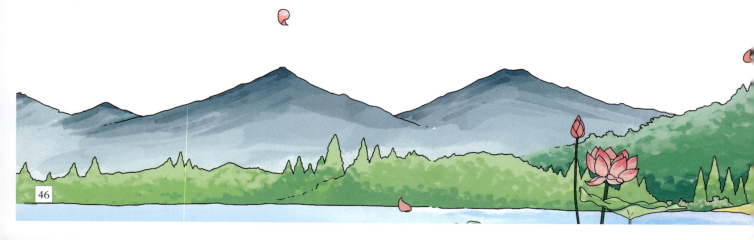

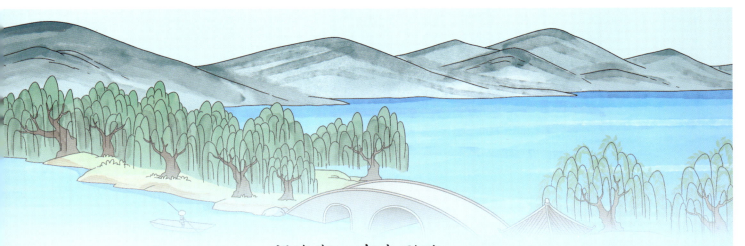

望海潮·东南形胜

〔宋〕柳永

东南形胜，三吴都会，钱塘自古繁华。烟柳画桥，风帘翠幕，参差十万人家。云树绕堤沙，怒涛卷霜雪，天堑无涯。市列珠玑，户盈罗绮，竞豪奢。

重湖叠巘清嘉，有三秋桂子，十里荷花。羌管弄晴，菱歌泛夜，嬉嬉钓叟莲娃。千骑拥高牙，乘醉听箫鼓，吟赏烟霞。异日图将好景，归去凤池夸。

风入松·一春长费买花钱

〔宋〕俞国宝

一春长费买花钱。日日醉花边。玉骢惯识西湖路，骄嘶过、沽酒垆前。红杏香中箫鼓，绿杨影里秋千。

暖风十里丽人天。花压髻云偏。画船载取春归去，余情寄、湖水湖烟。明日重扶残醉，来寻陌上花钿。

图书在版编目（CIP）数据

西湖 / 姚青锋，韦诗誉主编；书香雅集绘. -- 长春：
吉林科学技术出版社，2025. 4. --（少年中国地理 / 姚
青锋主编）. -- ISBN 978-7-5744-2011-3

Ⅰ. K928.43-49

中国国家版本馆CIP数据核字第2025J64L10号

少年中国地理
SHAONIAN ZHONGGUO DILI

西湖
XIHU

主　　编	姚青锋　韦诗誉	
绘　　者	书香雅集	
出 版 人	宛　霞	
责任编辑	李思言	
助理编辑	丑人荣	
幅面尺寸	210 mm×285 mm	
开　　本	16	
印　　张	3	
字　　数	38千字	
印　　数	1～5000册	
版　　次	2025年4月第1版	
印　　次	2025年4月第1次印刷	

出　　版　吉林科学技术出版社
发　　行　吉林科学技术出版社
地　　址　长春市福祉大路5788号出版大厦A座
邮　　编　130118
发行部电话/传真　0431-81629529　81629530　81629531
　　　　　　　　　　　　　81629532　81629533　81629534
储运部电话　0431-86059116
编辑部电话　0431-81629516
印　　刷　武汉市卓源印务有限公司

书　　号　ISBN 978-7-5744-2011-3
定　　价　39.80元